$L_n^{27}.20308.$

otice iographique

SUR

M. LE CURÉ D'ARS,

ACTUELLEMENT VIVANT

DANS LE DIOCÈSE DE BELLEY.

J. M. J.

AGEN,
IMPRIMERIE TYPOGRAPHIQUE DE J.-A. QUILLOT.

1857.

Avant-Propos.

Plusieurs journaux religieux, tels que l'*Univers* et l'*Ami de la Religion*, ont eu l'occasion de parler maintes fois de M. le curé d'Ars. La renommée de ce prêtre des anciens jours est, en quelque sorte, européenne. Il est cependant trop peu connu dans certaines contrées de la France, et bien des familles qui ne lisent pas les feuilles publiques ont à peine entendu parler de lui. C'est donc pour populariser de plus en plus ce nom si vénéré, que nous allons dire, en peu de mots, ce que nos yeux ont vu, ce que nos oreilles ont entendu auprès de M. le curé d'Ars.

Nous croyons faire, en cela, une bonne œuvre : l'exemple des saints fut toujours efficace sur un grand nombre d'âmes. Nous n'avons pas à craindre, au reste, de blesser la modestie de celui dont nous osons parler. Tout absorbé en Dieu, comme nous le verrons, et dans les continuels travaux du saint ministère, il ignore ce que la presse catholique publie parfois sur ses admirables vertus.

Mais nous avons besoin de dire tout d'abord que nous ne venons pas raconter ici nos impressions et nos appréciations particulières; nous venons tout simplement révéler des faits authentiques, des faits sublimes, à ceux qui ne les connaissent pas ou qui ne les connaissent qu'imparfaitement. Dieu veuille que notre récit inspire à ceux qui en ont la possibilité, l'heureuse pensée d'aller voir M. le curé d'Ars! Comme nous, ils se convaincront par eux-mêmes que tout ce qu'on raconte de beau, de grand et d'incroyable presque au sujet de cet homme extraordinaire est bien au-dessous de la vérité. Puissent tous nos lecteurs avoir le courage, nous ne disons pas de l'égaler, mais de l'imiter un peu, chacun selon son état et la grâce qu'il en recevra du ciel!

I.

Affluence considérable des Pèlerins au village d'Ars.

Ars est un petit village situé dans le département de l'Ain, à six lieues de Lyon seulement. Quoique peu éloigné de cette dernière ville, il appartient cependant au diocèse de Belley. Les abords de ce village, devenu si célèbre par le vénérable prêtre qui en fait l'ornement et la renommée, sont très-faciles. Les pèlerins venus de loin se rendent généralement à Lyon, d'où partent, chaque jour, pour Ars deux ou trois Omnibus qui font un service régulier d'aller et de retour. On peut également arriver au terme de son pèlerinage en prenant le chemin de fer de Lyon à Paris jusqu'à Villefranche. Là, on trouve encore des Omnibus qui vous portent à Ars dans une demi-heure.

Le concours des pèlerins vers ce lieu béni, qui doit toute sa gloire à son curé, est perpétuel comme le besoin de quitter de temps à autre le bruit et l'agitation du monde pour reposer son âme à l'ombre d'un pieux sanctuaire, pour entendre la parole puissante d'un homme de Dieu, ou pour méditer à loisir les hauts enseignements de la vie des saints. On y voit en tout temps, mais surtout dans la belle saison, des étrangers venus non-seulement des divers points de la France, mais encore de différentes contrées de l'Europe. Des missionnaires diocésains, résidant sur cette paroisse privilégiée, nous ont assuré que l'Italie, l'Angleterre et la Belgique fournissent tour à tour leur contingent de pieux visiteurs, dont le nombre va toujours croissant. On en a pu compter, dans une de ces dernières années, jusqu'à soixante-dix mille, représentant toutes les classes de la société!...

Primitivement on ne se rendait sur la paroisse d'Ars que pour voir et pour entendre l'admirable curé qui la gouverne et qui la sanctifie depuis longtemps. M. Viannay (c'est le nom de l'illustre serviteur de Dieu) a soixante-dix ans révolus. Il y a quarante ans que ses paroissiens ont le bonheur de le posséder et de l'apprécier. Temps trop court! temps qui se précipite avec la force irrésistible d'un torrent impétueux, et qui entraine, hélas! dans sa chute le prêtre qui bientôt sera regretté et pleuré à jamais de tous ceux auxquels il aura été donné de le voir et de recueillir sa lumineuse et pénétrante parole! Mon Dieu! si vous exauciez le vœu constant de votre serviteur, qui serait « *de toujours vivre pour toujours sauver des âmes!* »

Aujourd'hui, on s'achemine vers le plateau d'Ars pour visiter aussi l'autel de sainte Philomène, aux pieds duquel s'opèrent grand nombre de guérisons extraordinaires. C'est M. Viannay lui-même qui a fait naître dans les cœurs la grande confiance qu'il eut toujours en cette jeune sainte, et à qui l'on doit attribuer par conséquent l'initiative des merveilles qu'elle opère en faveur de ses fidèles clients, au village d'Ars. On comprend que son humilité autant que sa confiance en l'auguste Philomène a inspiré à M. Viannay la pensée d'établir ce pèlerinage. Il peut maintenant décliner adroitement une partie des honneurs qui lui sont dus et les mettre sur le compte de sa sainte de prédilection. Il le peut, et, comme on le pense bien, il n'y manque pas.

II.

Esquisse du portrait de M. Viannay, curé d'Ars.

Mais qu'est-ce donc que ce prêtre étonnant dont la renommée est si belle et si étendue? Est-ce un homme érudit et versé dans les arts et les sciences profanes? Non, il ne sait comme saint Paul et « *ne » fait profession de savoir que Jésus-Christ, et Jésus-» Christ crucifié* (*). » Est-ce un orateur distingué, remarquable par la majesté de son geste, par la beauté de sa diction, par les richesses de son style, par la finesse de ses pensées, par l'heureuse mani-

---

* Non enim judicavi me scire aliquid inter vos, nisi Jesum Christum, et hunc crucifixum. *I Cor.* 2 - 2.

— 8 —

festation, en un mot, de toutes les qualités artificielles qui peuvent donner un certain relief, sinon à la parole divine, du moins à celui qui l'annonce? Nullement. Comme l'apôtre des nations, « *il se garde bien d'employer en prêchant les discours de la sagesse et de l'éloquence humaines, mais seulement les effets sensibles* [...]

[...] M. Vianney est, en deux mots et dans l'acception la plus large, *un saint* et *un prêtre*, un homme qui est tout et un homme qui n'est rien. Cet homme est tout, tout pour Dieu, tout par Dieu, tout pour ses frères en Jésus-Christ. Cet homme n'est rien, rien à ses yeux, rien même aux yeux de ceux qui ne le connaissent pas intimement, ou le jugent autrement que par ses paroles et par ses œuvres. Squelette mobile qui n'a qu'un souffle de vie, ou, pour mieux dire, être qui semble avoir vécu, simple et sans affectation, comme tout ce qui est grand et divin, phénomène de vie et de mort réunies, prodige de puissance et de faiblesse, M. Vianney est un homme que l'on ne peut expliquer que par ces paroles de l'apôtre déjà cité : « *Dieu a*

(*) Et sermo meus et prædicatio mea non in persuasibilibus humanæ sapientiæ verbis, sed in ostensione spiritus et virtutis. *I. Cor.* 2 — 4.

» choisi les faibles selon le monde pour confondre les puis-
» sants. Il a choisi les plus vils et les plus méprisables
» selon le monde et ce qui n'est rien, pour détruire ce qui
» est (*). »

M. Viannay en effet n'est rien selon les apparences, et c'est néanmoins en réalité une grande puissance, mais une puissance invisible en elle-même comme celle de Dieu, visible seulement par ses opérations et par ses œuvres. M. Viannay est, pour ainsi dire, perdu en Dieu ; il est, en quelque sorte, absorbé par la Divinité, et il peut véritablement dire avec l'apôtre qu'il imite si bien : « *Je vis, non, ce*
» *n'est plus moi qui vis, c'est Jésus-Christ qui vit en*
» *moi* (**). » Jésus-Christ vit dans ce saint prêtre, et, sans enchaîner ni sa raison ni sa liberté, c'est lui qui pense par son esprit, qui aime par son cœur, qui voit par ses yeux, qui parle par sa bouche, qui entend par ses oreilles, qui agit, qui bénit par ses royales mains, qui prêche dans tout son extérieur. Jésus-Christ a tellement pris possession de toutes les facultés de son âme et de son corps, que l'individualité et la personnalité de M. Viannay semblent être anéanties. O heureux anéantissement! O glorieuse transformation, qui n'est que le commencement et l'avant-goût de celle, plus parfaite encore,

---

(*) Infirma mundi elegit Deus ut confundat fortia. Et ignobilia mundi et contemptibilia elegit Deus, et ea quæ non sunt, ut ea quæ sunt destrueret. *I. Cor.* 1 – 27, 28.

(**) Vivo jam non ego, vivit vero in me Christus. *Galat.* 2 – 20.

qui doit s'accomplir dans les Elus au jour de leur entrée triomphante dans l'éternité!

Mais quittons les généralités et entrons dans quelques particularités intéressantes, par lesquelles se révélera clairement à nos yeux l'éminente sainteté de M. Viannay, et qui seront comme autant de preuves de ce que nous venons d'affirmer.

III.

Vertus de M. Viannay.

M. le curé d'Ars vit seul, dans un misérable presbytère, les quelques heures qu'il y passe, la nuit, pour prendre un peu de sommeil. Quand la faiblesse de la nature le force à suspendre momentanément son travail apostolique auprès de ses frères et de ses sœurs en Jésus-Christ, il veut être seul pour vaquer plus parfaitement à la prière et à la contemplation. Il veut que Dieu seul soit le spectateur de ses austérités et de ses combats, Dieu seul, qui doit être son juge et à qui il cherche à plaire uniquement. La porte de la cure reste donc constamment fermée au public. La faculté d'y entrer, lorsque la nécessité le demande, n'est accordée qu'à un religieux qui a l'honneur de servir ce grand serviteur de Dieu, et à ses dignes collaborateurs dans le ministère paroissial. C'est de ces témoins, entièrement dignes de foi, que nous tenons ce que nous n'avons pu voir par nous-mêmes.

Quelques prêtres pèlerins ont parfois cependant le privilége d'être introduits dans la demeure de M. Viannay. Nous avons été assez heureux pour partager la faveur du petit nombre des élus, et nous en remercions sincèrement la divine Providence. La visite de l'habitation de M. le curé d'Ars vaut plus qu'un sermon, plus même qu'une longue retraite. Elle parle au cœur bien plus éloquemment que les plus éloquents discours. Ces vieilles murailles enfumées, ces deux ou trois siéges rustiques à demi-brisés, ce Christ, cette Vierge de plâtre, qui reçoivent tant de supplications et d'aspirations amoureuses, ce pauvre grabat, sur lequel reposent les os du saint vieillard, ce pavé humide des larmes et du sang de la pénitence, tout vous étonne, vous attendrit, vous confond et vous inspire les plus graves réflexions.

Il n'y a pas, du reste, chez M. Viannay de ces choquants contrastes qui révèlent de grandes imperfections et que l'on voit ordinairement dans les habitudes des personnes qui ne sont pas totalement à Dieu. Tout, dans la vie du saint curé d'Ars, se trouve en harmonie avec l'indigence de sa cellule, qui est comme un sanctuaire de toutes les vertus chrétiennes et sacerdotales portées jusqu'à l'héroïsme.

M. Viannay se distingue d'abord par des austérités corporelles, effrayantes pour notre délicatesse. Il ne prend de repos que ce qui est absolument nécessaire à notre faible nature ; et c'est sur une planche nue qu'il sommeille, planche que nous avons vue et touchée comme l'on voit et comme l'on touche une relique. Il mange très-peu. Le digne religieux qui le sert évalue à un kilogramme le maximum de sa nourriture hebdomadaire, qui se compose exclusivement de laitage, de pain commun et de légumes pauvrement apprêtés. C'est pourquoi son âme, dégagée de la servitude des sens, est entièrement possédée par l'esprit de Dieu et enrichie des vertus qui en sont inséparables.

L'humilité de cet autre Vincent de Paul est si profonde, qu'elle suffit parfois pour toucher et convertir les plus indifférents. On raconte que, naguère, la curiosité mena auprès de lui un homme lettré, qui n'avait d'autre culte que celui des sens et de la raison. Quand ce philosophe, ayant eu jusqu'alors l'habitude peu philosophique de juger des hommes et de beaucoup de choses d'après les apparences, aperçut M. Viannay grossièrement vêtu, baissant modestement les yeux, parlant très-simplement, et montrant une physionomie qui n'a d'autre distinction que celle donnée par l'empreinte mystérieuse des vertus sacerdotales, il fut grandement déçu. Aussi ne put-il s'empêcher de s'écrier avec un ironique mécompte : « Ce n'est que ça !... Je m'attendais à voir... Si j'avais su !..... »

M. Viannay sortait de l'église, et comme il vit le

pauvre philosophe tout fâché d'avoir donné trop de crédit à la renommée, il crut devoir lui adresser une parole de consolation : « *Hélas, Monsieur*, lui dit-il d'un ton peiné et affectueux, *je suis très contrarié que l'on vous ait trompé et que vous ayez fait inutilement un long voyage. Il ne fallait pas certainement venir de si loin pour voir le plus misérable et le plus ignorant des hommes.* » Ce peu de paroles opérèrent toute une révolution dans l'âme de l'incrédule, qui s'écria, déjà converti et ravi d'admiration : « *Voilà bien l'homme que je cherchais !* »

La douceur et la patience de M. Viannay sont grandes comme son humilité. Quoique très-nerveux par tempérament, et par conséquent très-sensible et très-vif par caractère, il ne s'impatiente jamais. Encore un trait pour donner une idée de sa mansuétude. Il y a peu de temps que les femmes qui environnaient son confessionnal se disputaient et se querellaient de manière à l'empêcher d'entendre sa pénitente et d'en être entendu. Dans cette fâcheuse extrémité, que fait-il ? Il se lève tranquillement de son tribunal de miséricorde, il traverse silencieusement la bruyante assemblée et va se prosterner aux pieds de l'autel de sainte Philomène, pour la prier d'apaiser le tumulte. Il avait à peine commencé son oraison que les indiscrètes causeuses commencèrent à rougir d'elles-mêmes et se turent soudainement. C'est ainsi que le saint rétablit sans mot dire le calme et la paix.

Que dirons-nous de la charité de M. le curé

d'Ars pour le prochain? Un seul mot : c'est qu'elle est proportionnée à son amour séraphique pour Dieu et à son étonnante humilité; ce qui doit être nécessairement. L'humilité est, en effet, selon la pensée d'un judicieux ascète, la pierre fondamentale de l'édifice spirituel des vertus, et la charité en est le couronnement. Plus celle-là est profonde et solide, plus celle-ci est vraie, pure, ardente et élevée au-dessus des vicissitudes du caprice et de l'humeur, plus elle est divine. Dieu s'incline toujours vers celui qui s'abaisse devant sa majesté souveraine : *Il entre même chez lui et y établit sa demeure,* (*) s'il ne trouve aucun obstacle d'ailleurs. Or, Dieu ne prend jamais pleine possession du cœur humain sans le remplir en même temps du sentiment de sa misère, d'amour pour lui et de charité pour sa grande famille, qui comprend tous les hommes.(**)

On vante beaucoup dans le monde l'humanité, la bienfaisance, la *philanthropie*. Mais tous ces mots ne sont qu'une pâle imitation et une profane traduction du mot sacré *charité*, vertu divine dont nous ne connaissons le nom que par les Saintes-Ecritures, et dont on ne voit la pratique sincère et permanente que dans l'église catholique. Quelle différence, pour le dire en passant, entre la philanthropie et la charité chrétienne? Là où la froide philanthropie est

---

(*) Ad eum veniemus et mansionem apud eum faciemus. *Joan.* 14—23.

(**) Sic ergo vos orabitis: Pater noster. *Matth.* 6—9.

impuissante et réduite aux abois, là même la charité chrétienne est forte, inépuisable en ressources et en œuvres. L'une est inconstante, capricieuse, égoïste et bornée comme le principe qui la produit, comme l'homme. L'autre est forte, immuable, désintéressée, toute-puissante comme son principe générateur, comme Dieu. Celle-là cesse d'agir là où cesse l'intérêt personnel; celle-ci, au contraire, animée par l'Esprit de Celui « *qui fait lever son soleil sur les bons et sur les méchants,*(*) » n'est refroidie par aucune ingratitude, n'est arrêtée par aucun obstacle. Comme elle n'attend que de Dieu sa récompense, elle n'éprouve jamais de mécompte, partant elle ne peut être abattue ni découragée. Loin de là, elle est essentiellement active et bienfaisante. Et comment n'en serait-il pas ainsi : « *Dieu est charité,*(**) *c'est un feu consumant,*(***) » comme il s'appelle lui-même dans nos saints livres. Il est donc aussi naturel que les cœurs purs qui brûlent de ce feu divin répandent autour d'eux un doux rayonnement et une efficace chaleur, qu'il est naturel à l'astre du jour d'éclairer, de réchauffer, de féconder la nature. Oui certes, quand on aime véritablement Dieu, on aime effectivement ses semblables, et l'amour de de ses frères est toujours en rapport direct avec l'amour de Dieu.

*) Qui solem suum oriri facit super bonos et malos. *Matth.* 5-45.
**) Deus charitas est. *I. Joan.* 4—8.
***) Deus noster ignis consumens est. *Hebr.* 12—29.

Les bornes que nous avons dû nous prescrire nous empêchent de rendre cette vérité sensible par la citation de quelques-uns de ces milliers d'exemples qui font la force du catholicisme et qui sont en même temps les plus beaux titres de sa gloire ici bas. Mais on les connaît assez pour comprendre que la charité de M. Viannay pour ses frères doit être immense, puisque son amour pour Dieu est sans bornes. C'est, du reste, ce qui paraîtra clairement par ce que nous allons dire dans la seconde partie de cette notice.

Nous gardons un respectueux silence sur les autres vertus privées de M. Viannay, sur ses communications ineffables avec le ciel et sur le don qu'il paraît avoir reçu d'en Haut de lire dans les consciences. Nous nous taisons également sur ses opérations extraordinaires, que l'Eglise plus tard regardera, il y a tout lieu de l'espérer, comme de vrais miracles. Nous ne décidons rien néanmoins à cet égard; ce n'est ni notre droit, ni notre prétention. Nous ne faisons qu'exprimer une conjecture et une espérance fondées.

IV.

Zèle de M. le curé d'Ars pour entendre les confessions.

Nous avons dit qu'il y a en M. Viannay deux

hommes également remarquables : le saint et le prêtre. Nous venons de parler surtout du saint ; considérons plus spécialement le prêtre.

M. le curé d'Ars est « *le bon pasteur* qui *donne*, à tous les instants, une partie de *sa vie pour ses brebis*(*) » et pour celles des bercails étrangers qui viennent nombreuses le choisir momentanément pour guide. Oh! qu'il imite bien en ceci, comme en tout le reste, le divin Maître, le prince et le modèle des pasteurs ! Comme il peut dire avec raison à tous ceux qui ont recours à son ministère ce que le grand apôtre disait aux Corinthiens : « *Je meurs chaque jour, mes frères, pour vous procurer la gloire éternelle.*(**) » Il meurt, le charitable curé d'Ars, au milieu des plus dures austérités de la pénitence ; il meurt pour obtenir grâce aux pécheurs qui lui font l'aveu de leurs crimes, et si parfois ces pécheurs eux-mêmes lui témoignent de l'étonnement pour son extrême indulgence, il répond : « *Rassurez-vous, mon ami, faites bien le peu de pénitence que je vous donne, faites davantage, si vous le pouvez, et puis unissez-vous à moi en Notre-Seigneur, prions ensemble..... je me charge du reste.* »

Cet homme de Dieu vit et meurt au confessionnal, où il passe les deux tiers au moins des heures précieuses de son existence. Il ne descend de ce tribunal de pardon et de grâce, il ne quitte cette

---

(*) Bonus pastor animam suam dat pro ovibus suis. *Joan.* 10-11.
(**) Quotidie morior per vestram gloriam, fratres. *I. Cor.* 15-31.

paisible chaire, où nous apprenons bien plus efficacement que partout ailleurs nos devoirs religieux, domestiques et sociaux, que pour aller prendre la nourriture et le sommeil indispensables à la fragilité du corps. Toute l'année, excepté peut-être à la saison du froid la plus rigoureuse, M. Viannay déserte, à minuit ou à une heure du matin, la planche de son grabat pour se rendre au confessionnal, où l'attendent, nuit et jour, un grand nombre de femmes, qui ne quittent pas l'église, afin de pouvoir se confesser à leur tour. L'affluence est telle, et le désir de dévoiler sa conscience à ce nouveau Philippe de Néri est si grand, qu'on se résigne volontiers à prendre patience pendant huit, dix, quinze, vingt-quatre heures pour avoir le bonheur de lui parler enfin et de recevoir en particulier ses conseils, l'espace de quelques minutes seulement. Les dames de la plus haute classe ne sont nullement préférées. Il faut qu'elles acceptent ces dures conditions, si elles veulent recueillir à leur tour leur part de consolations et d'avis salutaires; il faut qu'elles se déterminent, elles aussi, à passer la nuit à l'église, confondues avec la foule, si elles ne veulent courir la chance presque certaine de ne jamais se confesser à M. Viannay.

Mais cette ardeur, cet empressement continuel pour la confession n'existe pas ici chez les femmes seulement. Dans l'église d'Ars, les hommes rivalisent avec les femmes de zèle et de patience. Le saint pasteur leur donne audience deux fois par jour, le matin après la messe, et le soir à cinq heures. Or, longtemps avant ces deux moments de la journée, on voit, chaque jour, dans le chœur, un grand nombre d'hommes de tout âge, de toute condition et de différents pays, qui attendent, eux aussi, l'instant favorable pour se confesser. Leur confiance en M. Viannay est aussi entière que celle des femmes, et leur recueillement dans l'église est aussi édifiant que leur empressement et leur nombre. On voit même parmi eux plusieurs ecclésiastiques qui partagent la confiance des fidèles. Les plus savants religieux, les évêques, les cardinaux eux-mêmes, viennent consulter l'*homme de Dieu*, et ce n'est jamais en vain. Les premiers dignitaires de l'Eglise ont eu plus d'une fois l'occasion d'acquérir la certitude que M. le curé d'Ars a reçu du ciel le don de pénétrer facilement dans le secret des cœurs et de dicter, par conséquent, les avis les plus salutaires et les mieux proportionnés aux besoins de chacun.

V.

Prédications de M. le curé d'Ars.

Mais la limite du confessionnal est trop étroite pour contenir la charité du zélé pasteur. Tous les jours donc M. Viannay monte, à onze heures du matin, dans une petite chaire pour faire ce qu'il appelle le *catéchisme* aux pèlerins. Ces catéchismes sont des instructions sublimes où ne brillent pas certainement les pauvres splendeurs de l'éloquence humaine, mais qui dédommagent bien les auditeurs en projetant sur eux des flots de lumière et de chaleur divines. Aimer Dieu par-dessus tout, se perdre par la confiance et par l'amour dans l'abime d'amour du cœur de Jésus-Christ, se mortifier, renoncer aux vaines jouissances du monde, se dépouiller sans cesse de toute affection aux créatures et à soi-même, pour mériter de parvenir à la jouissance parfaite du Créateur, tel est le résumé des discours les plus ordinaires de M. le curé d'Ars et des vérités fondamentales auxquelles il aime à revenir fréquemment.

Mais ce saint prêtre parle avec tant d'onction et de force en même temps, que les larmes viennent maintes fois voiler son œil prophétique et que son auditoire ne peut se défendre de pleurer aussi. Souvent, pendant ses séraphiques exhortations, plongeant dans le ciel un regard d'aigle et de feu, il semble un instant quitter la terre et contempler toutes les merveilles de l'autre monde!... Puis il descend et révèle à *ses enfants* (c'est le nom qu'il donne à ses auditeurs) ce qu'il a entendu dans le séjour des Bienheureux. Mais il raconte ces choses ineffables de manière à captiver, à ravir, à remuer profondément et à faire frémir d'admiration et d'amour tous ceux qui se pressent autour de sa modeste chaire. On ne l'écoute pas comme un homme, mais comme un député de la cour céleste qui semble, nouveau saint Jean, être envoyé aux hommes pour leur dévoiler une seconde fois les secrets de l'éternité...

Nous renonçons à décrire l'attention, l'étonnement, la sainte avidité et l'attendrissement avec lesquels on recueille chacune de ses paroles, étincelantes de clarté divine, embrasées de l'amour de Jésus-Christ et corroborées par l'exemple de toutes les vertus. Nous ne disons pas non plus la vénération qu'il inspire par toute sa vie, et l'affection surhumaine qu'il commande principalement par ses confessions et par ses discours publics. Nous affirmons seulement, avec une exacte vérité, qu'on lui rend une espèce de culte.

A peine en effet l'humble apôtre a-t-il cessé de parler ; à peine a-t-il quitté sa pauvre petite chaire pour sortir de l'église et aller prendre un peu de nourriture, qu'on tombe à genoux sur son passage et que tous se disputent l'honneur de le contempler de plus près et de recevoir pour la première, pour la dixième, pour la centième fois peut-être sa bénédiction paternelle. La foule des pèlerins se presse et se jette sur lui ; chacun est jaloux ou de baiser ses mains décharnées, ou de toucher ses vêtements, comme s'il en sortait une vertu secrète, ou de recueillir sur ses épaules un de ses blancs cheveux, ou d'entendre encore une de ses paroles amies !.....
O sainteté, quelle n'est pas ta puissance sur les populations chrétiennes, même dans notre siècle de plaisirs et d'argent !

VI.

Sentiments de M. Viannay au milieu des honneurs qu'il reçoit.

A la vue de tant d'ovations décernées perpétuellement à M. Viannay, en présence de tant d'hommages rendus à ses héroïques vertus, on pensera sans doute que le saint prêtre doit être en butte à mille tentations de vanité et d'orgueil. C'est une erreur. M. Viannay a un de *ces cœurs purs qui voient Dieu* (*), comme nous l'assure Jésus-Christ lui-même. Or, quand on voit ainsi Dieu avec ses infinies perfections, on voit également la créature avec ses innombrables défauts et son effroyable néant, et alors ce qui nous captive et nous charme déplait souverainement au cœur pur, et ce qui nous laisse indifférent ravit au ciel l'âme délivrée des affections grossières de ce bas monde. Voilà ce qui explique l'humilité constante de M. le curé d'Ars au milieu des honneurs extraordinaires qui lui sont prodigués par les grands et par les petits, par les savants et par les ignorants, par le clergé et par le peuple, par tous ceux en un mot qui ont le bonheur de le voir au moins une fois.

(*) Beati mundo corde quoniam ipsi Deum videbunt. *Matth.* 5-8.

Un jour, comme un prêtre de ses amis lui demandait s'il ne craignait pas de succomber à l'orgueil, il fit cette réponse, bien instructive et bien consolante pour les âmes intérieures : « *Ah! je crains bien* » *plus,* s'écria-t-il, *de me perdre et de succomber au* » *désespoir!* » Nous voyons par là que la conduite de Dieu est toujours la même à l'égard des plus grands saints et de ses meilleurs amis. Pour les préserver du vice qui est *le commencement de tout péché* (*), il permet qu'ils soient paisiblement agités de craintes continuelles pour leur salut éternel. Témoins de cette vérité, saint Paul (**), saint Jérôme, sainte Jeanne de Chantal et un grand nombre d'autres dont on connaît la vie.

VII.

Œuvres apostoliques de M. le curé d'Ars.

Cette crainte filiale et amoureuse de M. Viannay ne lui ôte rien néanmoins du bonheur pur que l'on goûte dans le service de Dieu. Elle est en lui, au contraire, selon la prédiction du Psalmiste, la gardienne de sa paix intérieure, un principe de bien et

---

(*) Initium omnis peccati superbia. *Eccl.* 10 —15.

(**) Castigo corpus meum, ne forte... ipse reprobus efficiar. *I. Cor.* 9 —27.

un puissant stimulant pour une multitude de grandes œuvres (*).

D'abord, M. le curé d'Ars a commencé par enrichir sa bien-aimée paroisse de plusieurs trésors spirituels, cent fois préférables à tous les trésors de la terre. Instruction solide en matière religieuse, couvent de personnes consacrées à Dieu par des vœux perpétuels pour les jeunes filles, établissement de Frères pour les garçons, cette petite paroisse a tout pour elle, grâce à la piété tendre et à la munificence vraiment sacerdotale de son pasteur; elle n'a rien à envier, sous ce point de vue, aux premières villes du diocèse de Belley.

Mais ce n'est pas assez pour le zèle de M. Viannay de faire tout le bien possible à ses paroissiens, et aux nombreux pèlerins qui viennent de loin puiser dans le trésor inépuisable de son grand cœur. Sa charité, semblable à celle de l'apôtre saint Paul, sa divine passion du salut des âmes le porte à reculer toujours les limites de l'empire de Jésus-Christ; et le bien qu'il ne peut faire par lui-même, il cherche à le faire par d'autres, n'ambitionnant que deux choses, procurer la plus grande gloire de Dieu et sauver le plus grand nombre d'âmes possible. C'est dans ces vues et par suite de cette apostolique ambition, qu'il est parvenu à couvrir son diocèse d'œuvres évangéliques qui seront immortelles comme sa mémoire.

(*) Beatus vir qui timet Dominum: in mandatis ejus volet nimis. *Ps.* 111.

On a généralement dans M. le curé d'Ars une confiance sans borne. Aussi les personnes riches et charitables, après lui avoir révélé le secret de leurs fautes et de leurs peines, sont-elles heureuses de le rendre le dépositaire, l'économe et le maître absolu des aumônes que la bienfaisance leur inspire. Il n'est pas rare que ces sortes de personnes lui portent des sommes considérables avec la faculté d'en disposer selon ses lumières et ses désirs. C'est ainsi que le saint prêtre se trouve habituellement possesseur et dispensateur libre d'abondantes aumônes. L'expérience prouve qu'il en fait un excellent usage. Sans parler en détail de sa sollicitude, de ses courses, de ses fatigues et de ses privations pour le soulagement des misères corporelles de ses paroissiens, nous dirons seulement que cet apôtre de toutes les miséricordes est déjà parvenu à fonder dans son diocèse, pour la guérison des maladies spirituelles, *cinquante missions à perpétuité!* Heureux les évêques, heureux les fidèles qui ont de tels prêtres!

Ces œuvres, malgré le temps et l'application qu'elles demandent, n'empêchent pas M. Viannay de s'acquitter exactement de tous les autres devoirs de sa charge pastorale. M. Viannay *ne néglige rien parce qu'il craint Dieu* véritablement (*). Son ardeur pour le bien ne ressemble nullement à la ferveur bien imparfaite de ces hommes qui se laissent guider beaucoup moins par l'esprit de Dieu que par le vent du caprice, par l'attrait de l'amour-propre, ou par l'impulsion

* Qui timet Deum nihil negligit. *Eccl.* 7. 19

du tempérament. Parfois des hommes de ce caractère se jettent à corps perdu dans les œuvres qui sont de leur goût, tandis qu'ils omettent des devoirs importants qui leur répugnent. Ainsi ne fait pas M. Viannay; il obéit généreusement au devoir, à tous ses devoirs. Il ne fut jamais l'esclave de cet égoïsme aveugle qui se recherche habituellement lui-même, à son insu ou sans avoir la force d'en convenir, jusque dans les meilleures actions. Oh! qu'un véritable saint est rare, et qu'il est un homme précieux pour la société, surtout lorsqu'il est prêtre!... C'est *un docteur* qui enseigne encore plus par ses exemples que par ses paroles; c'est *un bienfaiteur de l'humanité* qui répand continuellement sur ses frères des flots de bénédictions et de grâces; c'est *un héros* qui remporte sans cesse les victoires les plus difficiles et les plus glorieuses sur ses ennemis visibles et invisibles; c'est enfin *un martyr* qui ne verse pas toujours son sang, il est vrai, mais qui souffre constamment et qui se consume insensiblement pour Jésus-Christ et pour l'Eglise, son épouse.

Nous résumons dans cette phrase la vie austère de M. le curé d'Ars. Il est en effet tout aux hommes, parce qu'il est tout à Dieu, et parce qu'il est tout à Dieu, il ne néglige rien de ce qui appartient à sa gloire et à son culte. C'est dire que M. Viannay, tout en s'occupant si activement du salut des âmes, qui sont les temples vivants du Dieu vivant (*), ne laisse pas de

---

(*) Templum Dei sanctum est, quod estis vos. *I. Cor.* 3. 17.

prendre le plus grand soin d'orner les temples matériels, qui sont la demeure de Jésus-Christ. « *Le* » *zèle de la maison du Seigneur le dévore* (*), » et pour s'en convaincre, on n'a qu'à jeter les yeux sur les statues, sur les tableaux, sur les vases sacrés et sur les ornements de premier prix dont il a enrichi son église paroissiale et la chapelle du couvent qu'il a fondé. Il faut aller dans les plus somptueuses cathédrales pour trouver des richesses comparables à celles de ces deux sacristies.

Nous avouerons cependant que, tout en admirant de si belles choses, nous avons éprouvé un regret, celui de voir que l'église actuelle n'est nullement en harmonie avec les trésors qu'elle possède et le luxe d'ornementation qui la décore. Mais ce regret, que d'autres partagent, disparaîtra prochainement de notre cœur. Nous avons l'espérance fondée que le saint curé d'Ars aura bientôt pu élever un monument plus digne de sa foi et mieux proportionné au concours immense des pèlerins. Ce prêtre, puissant en œuvres et en paroles, ne s'arrête jamais dans ses pieuses entreprises; et non-seulement il travaille à se conserver *pur et sans tache* devant Dieu, selon l'exhortation de saint Pierre aux simples fidèles (**), mais il travaille, en outre, à répondre, chaque jour, *plus parfaitement* à la sublimité de *sa vocation*, et à rendre *certaine son élection*

---

* Zelum domûs tuæ comedit me. *Ps.* 68—10.

** Satagite immaculati et inviolati ei inveniri. *II. Petr.* 3—14.

pour le ciel, comme le recommande le même apôtre, par l'exercice continuel de toutes les bonnes œuvres possibles à sa charité, et par les plus grands sacrifices (*). Les paroissiens de M. Viannay auront donc bientôt une église comme ils la désirent et comme la désirent les pieux pèlerins qui vont prier sur cette terre où coulent en abondance le lait et le miel des célestes bénédictions.

VIII.

Persécutions du Démon contre le saint curé d'Ars.

Une telle sainteté et de telles œuvres, fruits de de cette vraie sainteté, ne pouvaient manquer d'exciter la haine et la fureur du génie du mal, de l'ennemi capital de Dieu et des hommes. Satan voit donc depuis longtemps d'un œil jaloux et cruel les vertus héroïques de l'apôtre d'Ars et le bien infini qu'il opère. Il emploie, par conséquent, tous les moyens qui sont à la disposition de sa rage infernale pour le punir de ses vertus et pour se venger sur lui, comme sur un autre Job et sur un autre

---

*) Magis satagite ut per bona opera certam vestram vocationem et electionem faciatis. *II. Petr.* 1. 10.

saint Antoine, de la gloire qu'il procure à Dieu, du bien qu'il fait aux âmes. Apparitions fréquentes, tintamarre au presbytère, la nuit et le jour, dans les moments que M. Viannay y paraît pour prendre sa frugale réfection ou son repos; injures, moqueries, bravades, grimaces hideuses et même voies de fait, telles sont les manœuvres habituelles par lesquelles le prince des ténèbres cherche à épouvanter, à décourager l'illustre serviteur de Dieu. Mais c'est en vain; comme les premiers solitaires de la Thébaïde, ce nouvel Antoine reste toujours vainqueur; seul avec Dieu dans le secret de sa mystérieuse cellule, il repousse toujours sans grands efforts les impuissantes attaques de tous les démons conjurés.

On demandera peut-être comment le public se trouve informé de ces luttes singulières dont il n'est pas le témoin. Comme M. Viannay n'a ici rien à craindre pour son humilité, il en parle assez volontiers. On ne connaît pas encore bien explicitement les révélations intérieures dont Dieu le favorise sans doute, ni le commerce ineffable qu'il a avec les anges, il n'en dit pas un mot; mais il dévoile sans peine, en temps et lieux convenables, la méchanceté du démon et les persécutions qu'il lui fait endurer.

Nous avons personnellement assisté à une de ces instructions familières, où il égayait pieusement son auditoire *par le récit* d'une tracasserie importune et bruyante dont *il venait d'être l'objet*. C'était en plein jour, un dimanche, immédiatement avant l'heure des vêpres. Le bon curé parlait à peu près en ces termes : « On dit, mes enfants, qu'il n'y a pas de diable; je sais bien qu'il y en a un, moi, et je viens d'acquérir une nouvelle preuve de son existence et de sa malice. Le vilain ! il n'y a qu'un moment qu'il faisait tout près de moi un fort inconvenant tapage, et qu'il cherchait à m'effrayer ou du moins à me distraire. Je ne le crains pas !... » C'est par ce genre de communications que M. Viannay instruit parfois les fidèles des méchantes, mais inutiles provocations de Satan. Pour exprimer la fréquence de ses apparitions, il a eu dit plaisamment à ses respectables collaborateurs *que le diable et lui sont presque camarades.*

IX.

Impressions du Pèlerin à son retour du village d'Ars.

Personne assurément n'est obligé d'ajouter foi à ce que M. le curé d'Ars veut bien nous dire de ses combats ordinaires avec l'ennemi du salut. Libre à chacun d'admettre ou de rejeter de pareilles informations. On doit convenir cependant que, pour supposer M. Viannay dans l'illusion à cet égard, il faudrait ne pas connaître son esprit ferme et judicieux et son aptitude extraordinaire à discerner la vérité de l'erreur dans tout ce qui a rapport à la vie intérieure. Dire qu'il est un imposteur, ce serait outrager indignement une des plus belles figures de notre époque, un nouveau Vincent de Paul, un homme qui n'a jamais vécu pour lui, mais uniquement pour Dieu et pour ses frères malheureux; ce serait insulter un bienfaiteur de l'humanité, un docteur, un martyr, comme l'ont été tous les saints par quelque endroit, un martyr de cinquante ans! Le traiter de visionnaire et de rêveur, ne serait-ce pas, sans être endormi, rêver étrangement soi-même!

La réputation de M. Viannay ne repose pas sur d'inutiles et faux miracles, tels que ceux des Appollonie Manfredi, des Françoise Zappata, des Joseph Balsamo, des Jeanne Morella, des Rose Tamisier et des Catharinella Fapart. L'orgueil et les impostures de ces soi-disant thaumaturges ont fait, hélas! un trop grand nombre de dupes. Mais ce fut toujours, comme on le sait, en dehors du corps épiscopal et de la cour romaine, où l'erreur, en semblable matière, ne put jamais pénétrer. Quant à la sainteté et à la réputation de M. Viannay, elles reposent sur des œuvres apostoliques et bien connues. Or, la logique de pareilles œuvres est infaillible. Avec elle on distingue sûrement le bien du mal, les vrais serviteurs de Dieu des superbes et des hypocrites. Nul homme, en effet, ne peut se déguiser toute sa vie, passer toute sa vie dans les plus rudes mortifications et pratiquer en même temps, s'il n'est pas bon, une douceur inaltérable au milieu des contradictions et des épreuves de tout genre, la charité et l'humilité chrétiennes lorsque tout provoque l'égoïsme et l'orgueil. C'est Jésus-Christ lui-même qui l'assure et qui nous enseigne à juger les hommes par leurs œuvres comme on juge l'arbre par ses fruits (*). Et lorsqu'il s'agit de sa personne adorable, il ne veut pas être apprécié différemment. « *Si vous ne voulez pas ajouter foi à mon témoignage, dit-il aux Juifs, croyez du moins aux œuvres que je fais* (**). » Les faits et les œuvres, tel est donc le trône inébranlable du haut duquel brille d'un éclat immortel la divinité de Jésus-Christ. Les faits et les œuvres, tel est aussi le fondement solide sur lequel s'élève et resplendit l'éminente sainteté de M. Viannay.

Encore une fois, croira qui voudra aux admirables vertus de M. le curé d'Ars, de ce père des pauvres, de ce consolateur des affligés, de cet avocat des pécheurs, de cet ami et de ce protecteur de l'innocence et de l'enfance. Pour nous, sans vouloir imposer notre sentiment à personne, nous croyons fermement à la sincérité des prodiges de grâces dont le spectacle nous a instruits, confondus et pénétrés de pensées douces et graves, qui ne s'effaceront pas de notre cœur. Nous disons des pensées douces. Ne peut-on pas, en effet, à la vue de l'affluence toujours croissante des pèlerins au village d'Ars, se rassurer prudemment sur l'avenir, du

---

(*) A fructibus eorum cognoscetis eos. *Matth.* 7—16.

(**) Si mihi non vultis credere, operibus credite. *Joan.* 10—38.

moins ne pas en désespérer? Un pauvre prêtre sans naissance, sans talent et sans autre recommandation que celle de ses vertus, cause une sensation notable et durable en France, et même sur plusieurs points de l'Europe, et ce phénomène se produit malgré les événements politiques qui, depuis quelques années, font vieillir et oublier si rapidement les hommes et les choses ; un prêtre cassé par les ans et les austérités, parlant à peine sa langue passablement, pouvant à peine se faire bien entendre d'une centaine d'auditeurs, et n'ayant d'autre prestige que le prestige de la sainteté, a néanmoins assez de puissance pour soulever des milliers d'hommes, les attirer à lui et les captiver par sa parole évangélique ; ce prêtre s'abaisse et se cache toujours dans l'abîme de sa profonde humilité ; il fuit les honneurs avec encore plus de soin que les superbes ne les ambitionnent et ne les recherchent ; mais plus il veut être ignoré, plus on veut le connaître ; plus il descend, plus il s'élève, selon cette parole prophétique de Jésus-Christ : « *Celui qui s'abaisse sera élevé* (*); plus il fuit les honneurs, plus les honneurs s'obstinent à le poursuivre. Quel hommage solennel rendu à un saint ! Or voilà, ce nous semble, un fait bien digne de remarque et sur lequel on peut baser de grandes espérances. Il y a du bien à côté du mal !....

O chère France ! non, malgré les ravages envahis-

(*) Qui se humiliat exaltabitur. *Luc.* 14-11.

sants du sensualisme, du *positivisme* et du rationalisme, tu n'es pas encore morte ! Tes célestes croyances ne sont pas éteintes; il y a encore chez toi de la vie au cœur, et si ton saint roi Louis, quittant un instant le ciel, venait te visiter, il ne te méconnaîtrait pas; il trouverait encore sur ton sol, ravagé par tant de fatales révolutions, quelques beaux rejetons de la foi naïve et ardente de son siècle.

Nous avons dit des pensées graves. Une seconde disposition, en effet, que le prêtre pèlerin emporte profondément gravée dans son cœur, en disant adieu au village d'Ars, c'est une bien petite opinion de lui-même et la volonté ferme de travailler tous les jours plus efficacement à acquérir lui aussi la sainteté que réclament ses divines fonctions et le besoin des peuples. Il se dit comme saint Antoine, après avoir vu saint Paul, le patriarche des solitaires : « Je ne suis » qu'un misérable pécheur. Je ne suis pas digne » d'être appelé serviteur de Dieu. J'ai vu Élie, j'ai » vu Jean-Baptiste, je dis mal, j'ai vu Paul dans un » paradis. » Il comprend mieux dès lors que le prêtre ne doit pas être seulement un *monsieur*, un honnête bourgeois, un bon citoyen, mais aussi et surtout un bienfaiteur, un docteur, un apôtre, un martyr, un autre Jésus-Christ. Il se rappelle qu'il est roi sans doute, mais un roi dont le diadème est une couronne d'épines, le sceptre un roseau; un roi dont le royaume est le territoire de la pauvreté et de la souffrance; un roi, enfin, dont les premiers sujets sont les malheureux et les pécheurs. Il comprend mieux, après avoir vu M. Viannay, que, dans l'ordre surnaturel aussi bien que dans l'ordre naturel, on ne peut faire aucune œuvre grande et durable sans l'arroser, pour ainsi dire, de prières, de sueur, de larmes ou de sang. Après avoir étudié M. Viannay, qui a la passion des âmes comme on a la passion des honneurs, de l'or et des plaisirs, le prêtre se sent porté à travailler toujours plus activement au salut de ses frères, et il voit dès lors plus clairement qu'on ne peut donner et conserver la vie spirituelle qu'à la condition de languir, de souffrir et de mourir soi-même. C'est pourquoi il se détermine volontiers, comme une mère tendre et généreuse, comme M. Viannay, comme saint Paul, comme Jésus-Christ, à languir, à souffrir, à mourir chaque jour pour faire vivre les autres, pour les faire vivre d'une vie sainte et divine.

Un prêtre, enfin, un pauvre curé de campagne qui a vu M. le curé d'Ars et son habitation, se résigne facilement aux sacrifices de son état et aux privations de son obscure existence. Il est heureux, dès-lors surtout, de ressembler aux pauvres en ce qui concerne et son logement, et son ameublement, et ses vêtements, et sa nourriture; et s'il n'a pas encore subi à cet égard la mode et la coutume, deux tyrans qui exercent un empire si despotique sur tant d'âmes d'ailleurs bien disposées, mais faibles et pusillanimes, certes ce n'est pas au retour de son pèlerinage d'Ars qu'il ira prendre des chaînes qui ne sont pas faites pour ses royales mains.

X.

Conclusion.

On s'étonne de la sainteté extraordinaire de M. le curé d'Ars, et plusieurs de ceux qui n'ont pas été témoins, comme nous, des faits par lesquels elle est, pour ainsi dire, mathématiquement démontrée, y croient à peine. On voit même certaines personnes du monde qui en parlent comme d'un roman, ce qui dénote un grand affaiblissement du sens moral et religieux dans ces âmes déchues. Elles ne croient pas possible ce qui fut autrefois général et ce qui devrait l'être encore aujourd'hui dans l'Eglise Catholique...

Mais pour tout chrétien qui pense et réfléchit chrétiennement, il n'est pas étonnant de rencontrer un prêtre tel que M. Viannay. Il est certes bien plus étonnant de ne pas voir plus de prêtres et de fidèles qui lui ressemblent. « *Le bras de Dieu n'est pas raccourci.*(*) » Si donc les hommes tels que M. le curé d'Ars sont hélas! trop rares, c'est, il faut en convenir, notre faute à nous et non celle de Dieu, dont la volonté et la puissance pour faire des saints sont

---

(*) Non est abbreviata manus Domini. *Ss.* 59 1.

— 37 —

toujours les mêmes (*). Donnons à ce Dieu puissant et bon des âmes généreuses comme celle du héros que nous admirons justement, et l'on verra bientôt refleurir les mœurs sans tache des premiers chrétiens, c'est-à-dire, l'humilité, la charité, le mépris des biens terrestres, la mortification et le zèle de M. Viannay. Puisse cet âge d'or de l'Eglise Catholique se lever de nouveau sur la France et sur le monde, et briller jusqu'au dernier jour ! Puisse M. Viannay avoir de nombreux imitateurs !

(*) Hæc est voluntas Dei, sanctificatio vestra. *1. Thess.* 4—3.

Table.

	page
I. Affluence prodigieuse des Pèlerins au village d'Ars	5
II. Esquisse du portrait de M. Viannay, curé d'Ars.	7
III. Vertus de M. Viannay	10
IV. Zèle de M. le curé d'Ars pour entendre les confessions	16
V. Prédications de M. le curé d'Ars . . .	19
VI. Sentiments de M. Viannay au milieu des honneurs qu'il reçoit.	22
VII. Œuvres apostoliques de M. le curé d'Ars	23
VIII. Persécutions du Démon contre le saint curé d'Ars.	28
IX. Impressions du Pèlerin à son retour du village d'Ars	30
X. Conclusion	36

www.ingramcontent.com/pod-product-compliance
Lightning Source LLC
Chambersburg PA
CBHW061005050426
42453CB00009B/1273